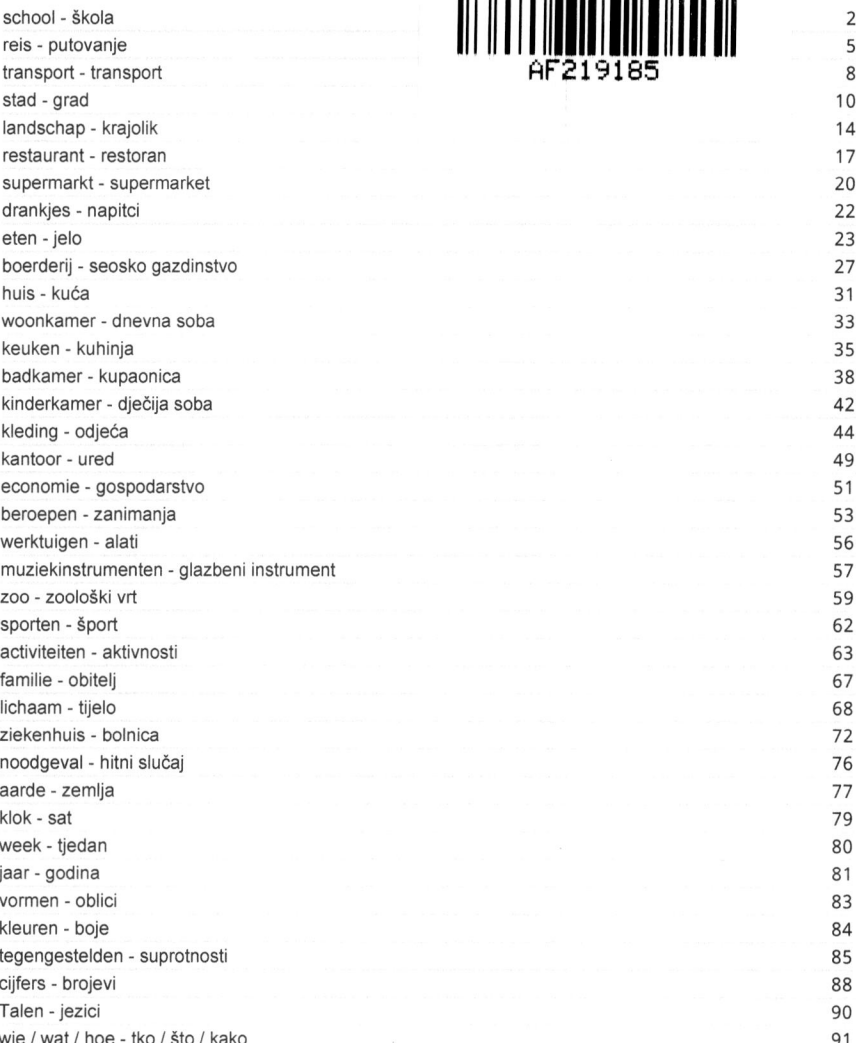

AF219185

Impressum
Verlag: BABADADA GmbH, Nedderfeld 112 , 22529 Hamburg
Geschäftsführer / Verlagsleitung: Harald Hof
Druck: Books on Demand GmbH, In de Tarpen 42, 22848 Norderstedt

Imprint
Publisher: BABADADA GmbH, Nedderfeld 112 , 22529 Hamburg, Germany
Managing Director / Publishing direction: Harald Hof
Print: Books on Demand GmbH, In de Tarpen 42, 22848 Norderstedt

school

škola

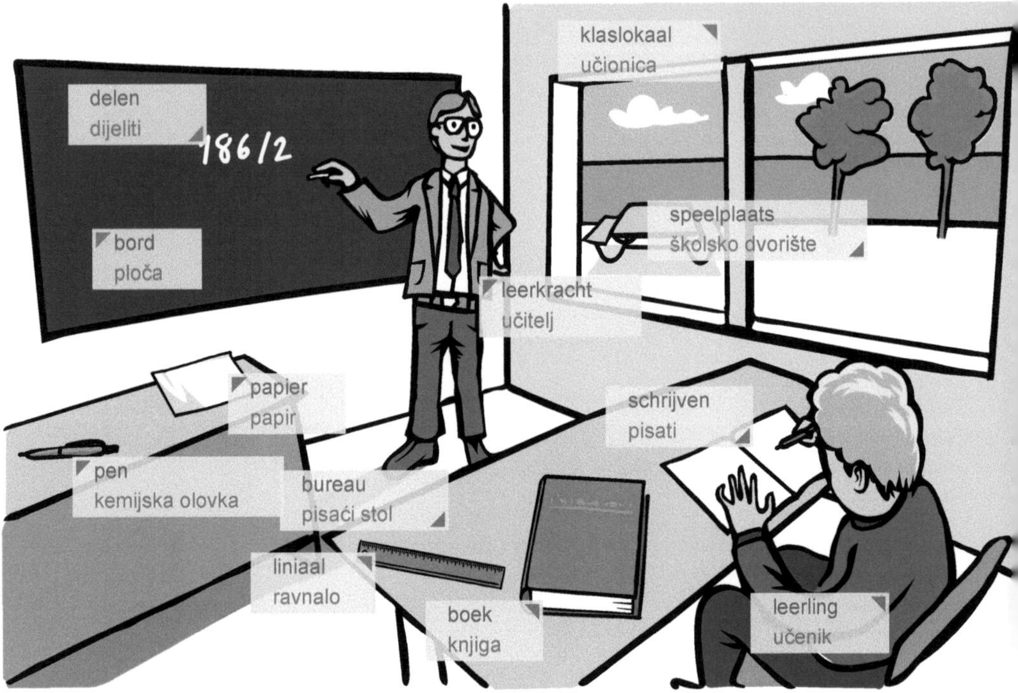
klaslokaal
učionica
delen
dijeliti
186/2
bord
ploča
speelplaats
školsko dvorište
leerkracht
učitelj
papier
papir
schrijven
pisati
pen
kemijska olovka
bureau
pisaći stol
liniaal
ravnalo
boek
knjiga
leerling
učenik

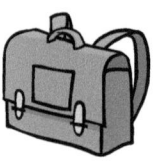

schooltas

torba

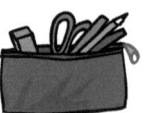

pennenzak

pernica

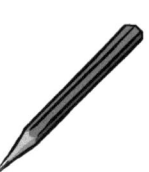

potlood

grafitna olovka

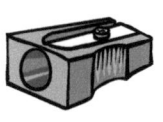

puntenslijper

šiljilo za olovke

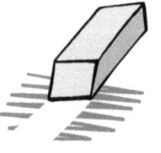

gom

gumica za brisanje

tekenblok

blok za crtanje

tekening
crtež

verfborstel
kist

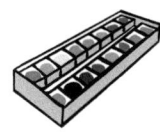

verfdoos
kutija s bojama

schaar
makaze

lijm
ljepilo

werkboek
bilježnica

huiswerk
domaći zadatak

nummer
broj

optellen
sabirati

aftrekken
oduzimati

vermenigvuldigen
množiti

rekenen
računati

letter
slovo

alfabet
abeceda

woord
riječ

tekst

tekst

Lezen

čitati

krijt

kreda

les

sat

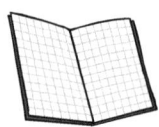

klassenboek

dnevnik

examen

ispit

certificaat

svjedodžba

schooluniform

školska uniforma

onderwijs

obrazovanje

encyclopedie

leksikon

universiteit

sveučilište

microscoop

mikroskop

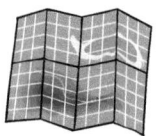

kaart

karta

papiermand

košara za papir

school - škola

reis
putovanje

hotel
hotel
Grand
jeugdherberg
prenoćište
ROOMS
wisselkantoor
mjenjačnica
koffer
kofer
auto
auto

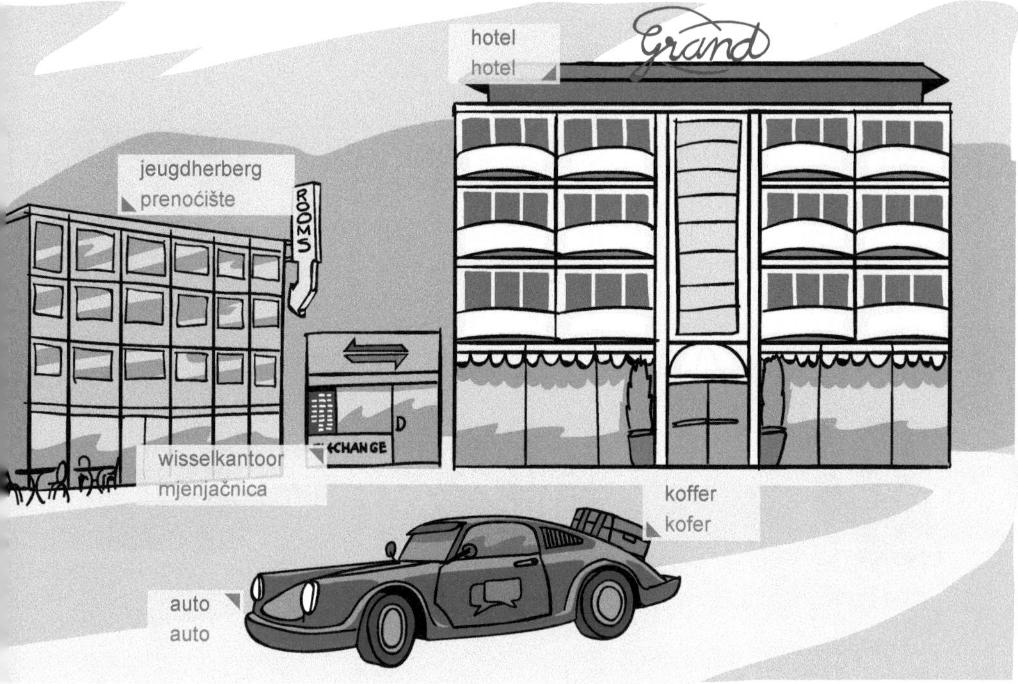

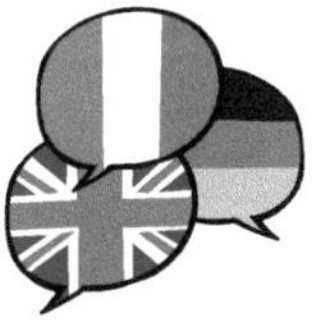

Taal

jezik

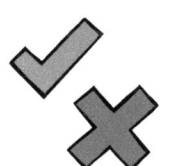

ja / nee

da / ne

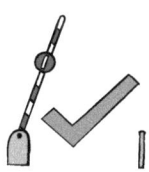

oké

okay

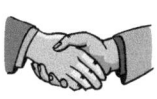

hallo

zdravo

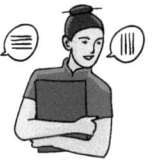

vertaler

prevoditelj

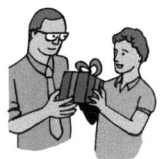

bedankt

hvala

Hoeveel kost ...?

Koliko košta...?

Ik begrijp het niet

ne razumijem

probleem

problem

Goedenavond!

dobro veče!

Goedemorgen!

Dobro jutro!

Goedenavond!

Laku noć!

Tot ziens

doviđenja

richting

smjer

bagage

prtljaga

zak

torba

rugzak

ruksak

gast

gost

kamer

soba

slaapzak

vreća za spavanje

tent

šator

toeristeninformatie

turističke informacije

strand

plaža

kredietkaart

kreditna kartica

ontbijt

doručak

lunch

ručak

avondeten

večera

ticket

karta za vožnju

lift

dizalo

postzegel

poštanska markica

grens

granica

douane

carina

ambassade

ambasada

visum

viza

paspoort

putovnica

transport
transport

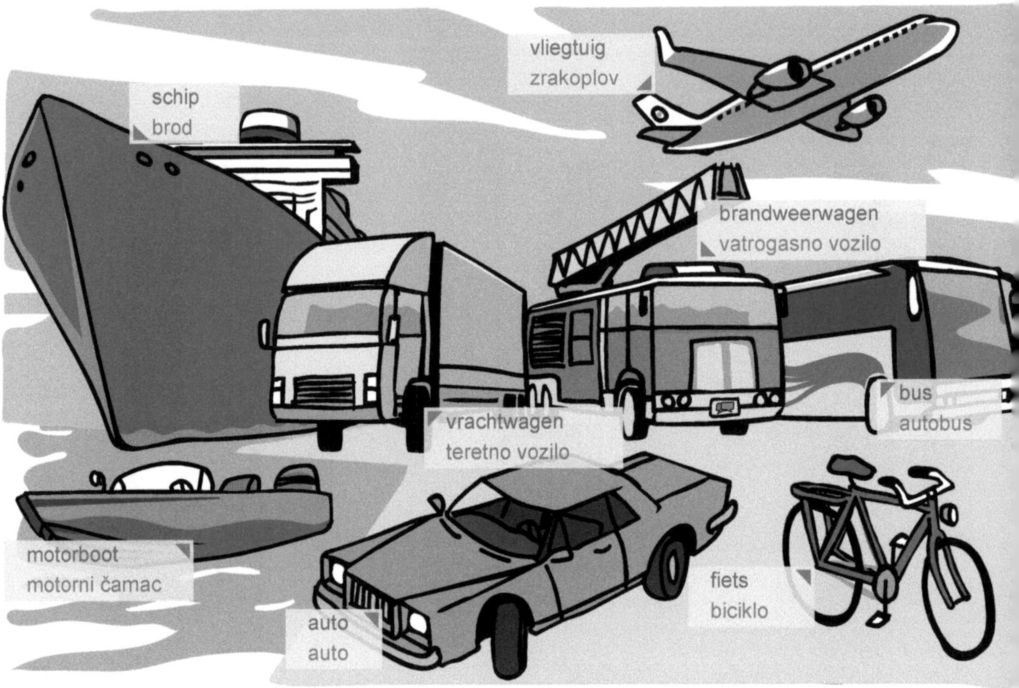
vliegtuig
zrakoplov
schip
brod
brandweerwagen
vatrogasno vozilo
bus
autobus
vrachtwagen
teretno vozilo
motorboot
motorni čamac
fiets
biciklo
auto
auto

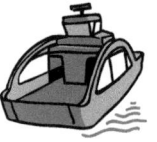

veerboot

trajekt

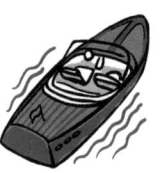

boot

čamac

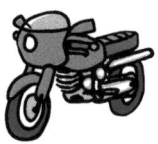

motor

motocikl

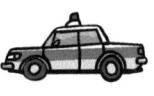

politiewagen

policijski auto

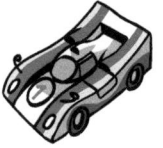

racewagen

trkaći auto

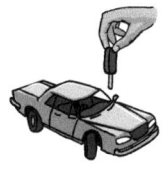

huurauto

iznajmljeno auto

carpoolen

dijeljenje automobila

sleepwagen

vučno vozilo

vuilniswagen

vozilo za odvoz smeća

motor

motor

benzine

benzin

benzinestation

benzinska postaja

verkeersbord

prometni znak

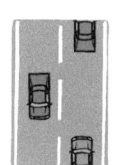

verkeer

promet

file

zastoj

parkeerplaats

parkiralište

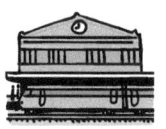

station

kolodvor

sporen

šine

trein

vlak

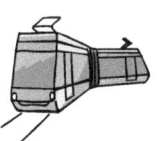

tram

tramvaj

wagon

vagon

helikopter
helikopter

luchthaven
zrakoplovna luka

toren
toranj

passagier
putnik

container
kontejner

karton
karton

kar
kolica

mand
košara

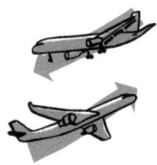

opstijgen / landen
uzletjeti / sletjeti

stad
grad

dorp
selo

stadscentrum
centar grada

huis
kuća

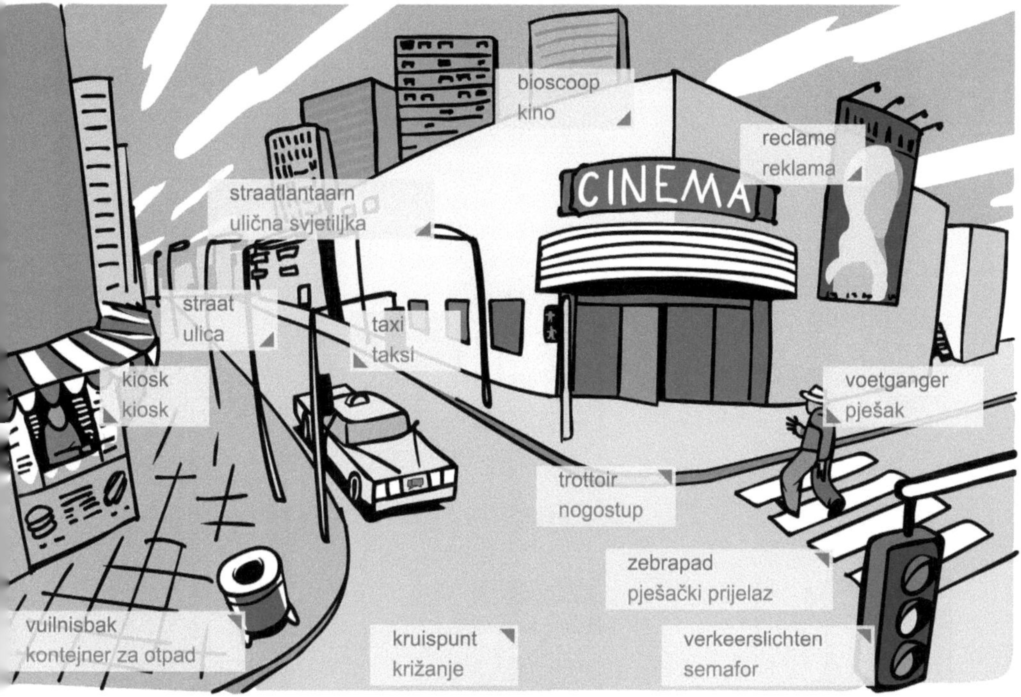

bioscoop
kino

reclame
reklama

straatlantaarn
ulična svjetiljka

CINEMA

straat
ulica

taxi
taksi

kiosk
kiosk

voetganger
pješak

trottoir
nogostup

zebrapad
pješački prijelaz

vuilnisbak
kontejner za otpad

kruispunt
križanje

verkeerslichten
semafor

hut
koliba

woning
stan

station
kolodvor

stadshuis
vijećnica

museum
muzej

school
škola

stad - grad

universiteit

sveučilište

bank

banka

ziekenhuis

bolnica

hotel

hotel

apotheek

ljekarna

kantoor

ured

boekwinkel

knjižara

winkel

prodavaonica

bloemenwinkel

cvjećara

supermarkt

supermarket

markt

trg

warenhuis

robna kuća

vishandelaar

ribarnica

winkelcentrum

trgovački centar

haven

luka

park
park

bank
klupa

brug
most

trap
stepenice

metro
podzemna željeznica

tunnel
tunel

bushalte
autobusna stanica

bar
bar

restaurant
restoran

brievenbus
poštansko sanduče

straatnaambord
ulični znak

parkeermeter
parkirni sat

zoo
zoološki vrt

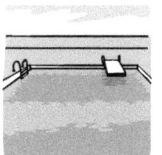

zwembad
bazen

moskee
džamija

boerderij
seosko gazdinstvo

milieuverontreiniging
zagađenje okoliša

kerkhof
groblje

kerk
crkva

speelplaats
igralište

tempel
hram

landschap
krajolik

blad
list

wegwijzer
putokaz

weg
put

weide
livada

steen
kamen

boom
drvo

wandelaar
šetač

rivier
rijeka

gras
trava

bloem
cvijet

vallei

dolina

heuvel

planina

meer

jezero

bos

šuma

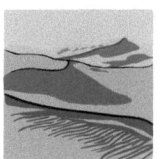

woestijn

pustinja

vulkaan

vulkan

kasteel

dvorac

regenboog

duga

paddenstoel

gljiva

palmboom

palma

mug

moskito

vlieg

muha

mier

mrav

bijl

pčela

spin

pauk

kever

buba

kikker

žaba

eekhoorn

vjeverica

egel

jež

haas

zec

uil

sova

vogel

ptica

zwaan

labud

wild zwijn

divlja svinja

hert

jelen

eland

los

dam

nasip

windturbine

vjetrenjača

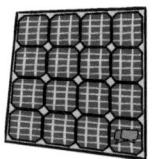

zonnepaneel

solarna ploča

klimaat

klima

restaurant
restoran

ober
konobar
menu
jelovnik
stoel
stolica
soep
supa
pizza
pica
tafelkleed
stolnjak
bestek
pribor za jelo

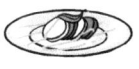

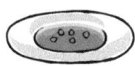

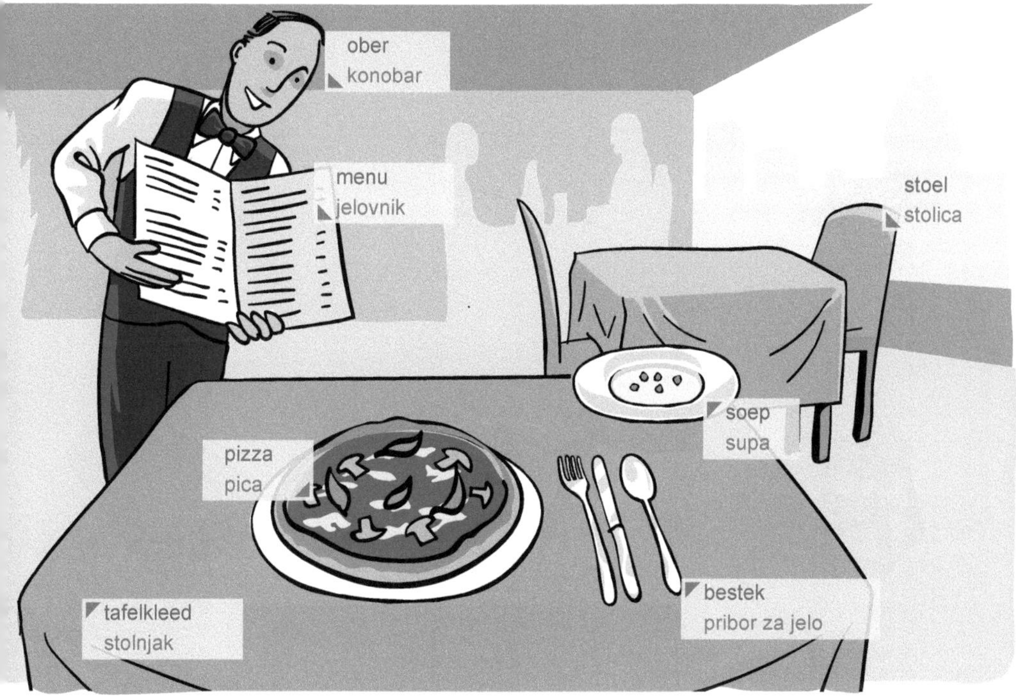

voorgerecht

predjelo

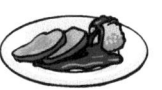

hoofdgerecht

glavno jelo

nagerecht

desert

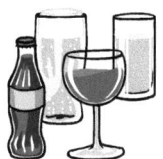

drankjes

napitci

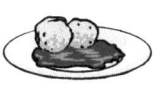

eten

jelo

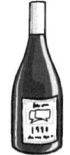

fles

boca

fastfood

fastfood

street food

imbis hrana

theepot

čajnik

suikerpot

doza za šećer

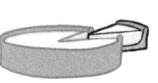

portie

porcija

espressomachine

aparat za espresso

kinderstoel

visoka stolica

rekening

račun

dienblad

pladanj

mes

nož

vork

vilica

lepel

žlica

theelepel

čajna žlica

serviette

ubrus

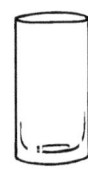

glas

čaša

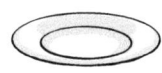

bord	soepbord	schoteltje
tanjur	tanjur za supu	tanjurić

saus	zoutvatje	pepermolen
sos	soljenka	mlin za biber

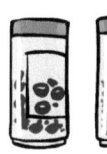

azijn	olie	kruiden
ocat	ulje	začini

ketchup	mosterd	mayonaise
kečap	senf	majoneza

supermarkt
supermarket

aanbieding
ponuda
FOR
klant
kupac
zuivelproducten
mliječni proizvodi
fruit
voće
winkelwagen
kolica za kupnju

BUTCHERS

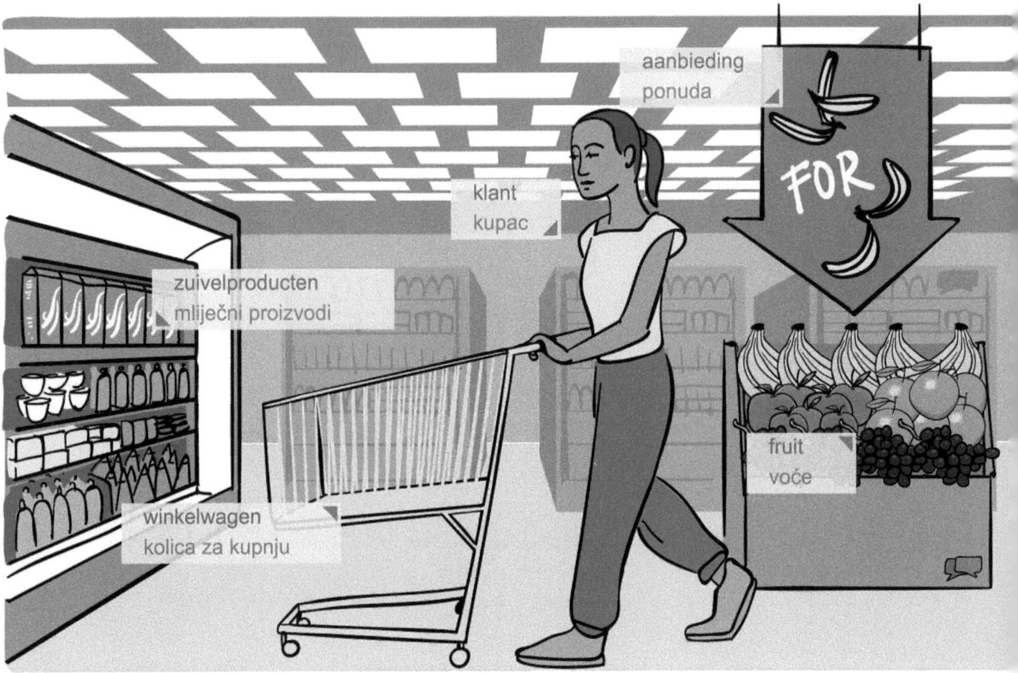

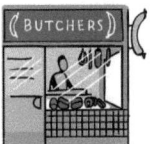

slagerij

mesnica

BAKERY

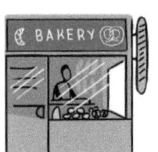

bakkerij

pekarnica

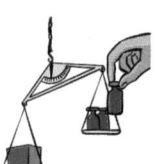

wegen

vagati

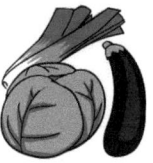

groenten

povrće

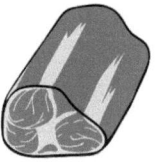

vlees

meso

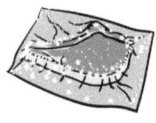

diepvriesvoedsel

duboko smrznuta hrana

charcuterie

narezak

conserven

konzerve

waspoeder

sredstvo za pranje

snoep

slatkiši

huishoudproducten

artikli za domaćinstvo

schoonmaakproducten

sredstva za čišćenje

verkoopster

prodavačica

kassa

blagajna

kassier

blagajnik

boodschappenlijstje

lista za kupnju

openingstijden

vrijeme rada

portefeuille

novčanik

kredietkaart

kreditna kartica

tas

torba

plastieken zakje

plastična vrećica

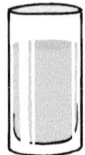

water

voda

sap

sok

melk

mlijeko

cola

cola

wijn

vino

bier

pivo

alcohol

alkohol

cacao

kakao

thee

čaj

koffie

kava

espresso

espresso

cappuccino

cappuccino

banaan

banana

appel

jabuka

sinaasappel

naranča

meloen

lubenica

citroen

limun

wortel

mrkva

knoflook

češnjak

bamboe

bambus

ajuin

luk

champignon

gljiva

noten

orašasti plodovi

noodles

rezanci

spaghetti

špagete

rijst

riža

salade

salata

frieten

pomfrit

gebakken aardappelen

pečeni krumpir

pizza

pica

hamburger

hamburger

sandwich

sendvič

kalfslapje

šnicla

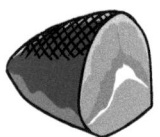

ham

pršut

salami

salama

worst

kobasica

kip

kokoš

braden

pečenje

vis

riba

havervlokken

zobene pahuljice

muesli

musli

cornflakes

kukuruzne pahuljice

bloem

brašno

croissant

roščić

pistolet

pecivo

brood

kruh

toast

toast

koekjes

keksi

boter

maslac

kwark

svježi sir

taart

kolač

ei

jaje

spiegelei

jaje na oko

kaas

sir

eten - jelo

ijs

sladoled

suiker

šećer

honing

med

confituur

marmelada

choco

nugat krema

curry

curry

boerderij
seosko gazdinstvo

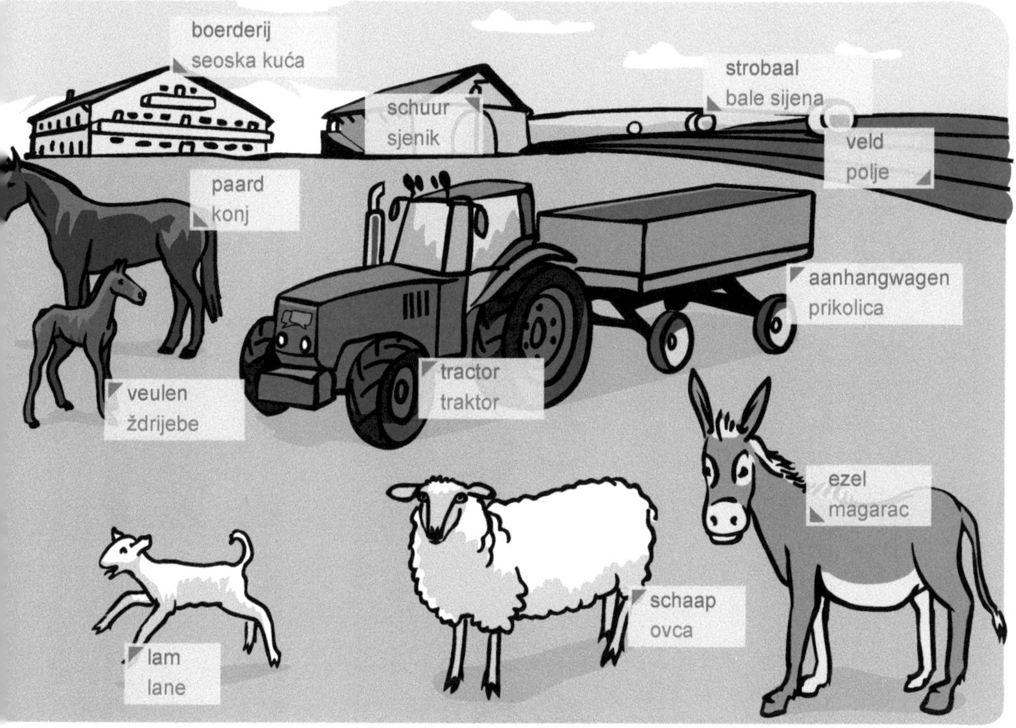

boerderij
seoska kuća
schuur
sjenik
strobaal
bale sijena
veld
polje
paard
konj
aanhangwagen
prikolica
tractor
traktor
veulen
ždrijebe
ezel
magarac
schaap
ovca
lam
lane

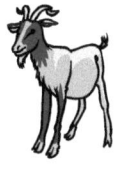

geit
koza

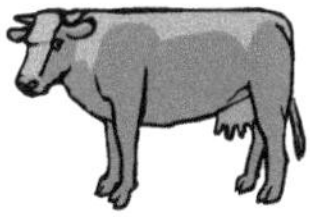
koe
krava

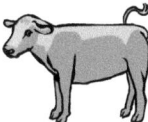

kalf
tele

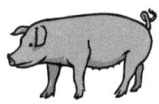

varken
svinja

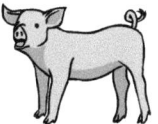

biggetje
prase

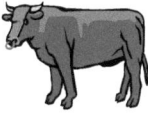

stier
bik

gans
guska

eend
patka

kuiken
pilići

kip
kokoš

haan
pijetao

rat
pacov

kat
mačka

muis
miš

os
vol

hond
pas

hondenhok
kućica za psa

tuinslang
vrtno crijevo

gieter
kanta za polijevanje

zeis
kosa

ploeg
plug

sikkel

srp

schoffel

motika

hooivork

vilica za gnojivo

bijl

sjekira

kruiwagen

tačke

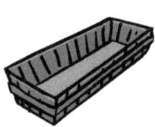

trog

korito

melkkan

posuda za mlijeko

zak

vreća

hek

ograda

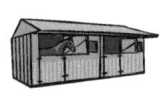

stal

štala

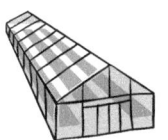

broeikas

staklenik

bodem

zemlja

zaad

sjeme

mest

gnojivo

maaidorser

kombajn

oogsten

žanjati

oogst

žetva

yam

yams začin

tarwe

pšenica

soja

soja

aardappel

krumpir

maïs

kukuruz

koolzaad

uljana repica

fruitboom

voćka

maniok

gomolj manioke

graan

žitarice

huis
kuća

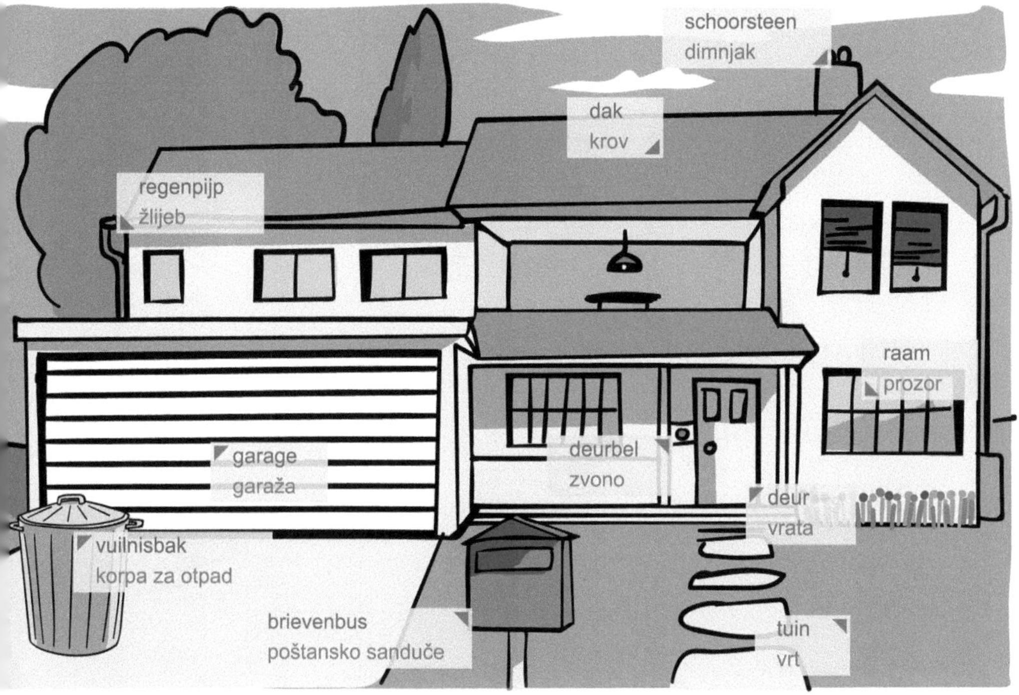
schoorsteen
dimnjak
dak
krov
regenpijp
žlijeb
raam
prozor
garage
garaža
deurbel
zvono
deur
vrata
vuilnisbak
korpa za otpad
brievenbus
poštansko sandučе
tuin
vrt

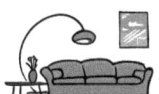

woonkamer

dnevna soba

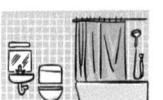

badkamer

kupaonica

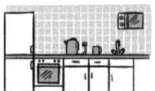

keuken

kuhinja

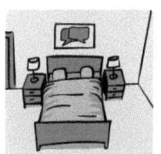

slaapkamer

spavaća soba

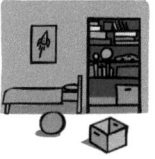

kinderkamer

dječija soba

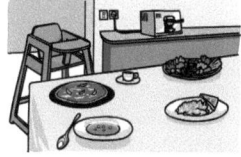

eetkamer

trpezarija

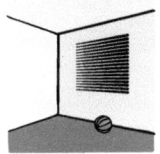

vloer
pod

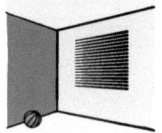

muur
zid

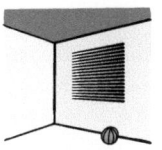

plafond
strop

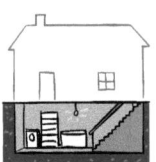

kelder
podrum

sauna
sauna

balkon
balkon

terras
terasa

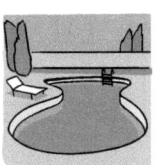

zwembad
bazen

grasmaaier
kosilica za travu

dekbedovertrek
posteljina za krevet

dekbed
deka za krevet

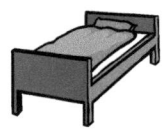

bed
krevet

bezem
metla

emmer
kanta

schakelaar
sklopka

woonkamer
dnevna soba

behangpapier
tapeta
foto
slika
lamp
svjetiljka
schap
regal
kast
ormar
televisie
televizija
open haard
kamin
bloem
cvijet
kussen
jastuk
sofa
kauč
vaas
vaza
afstandsbediening
daljinski upravljač

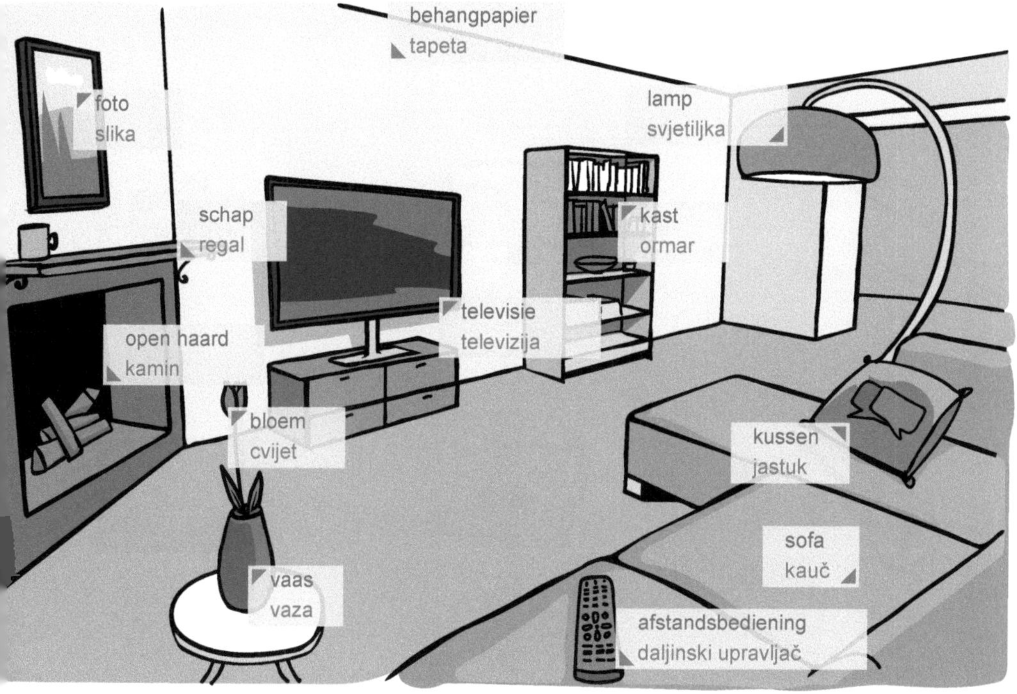

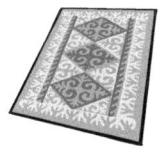

mat
tepih

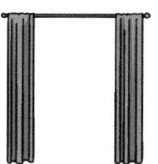

gordijn
zavjesa

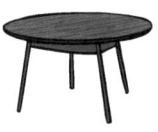

tafel
stol

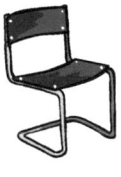

stoel
stolica

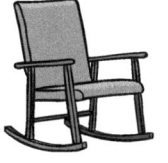

schommelstoel
stolica za njihanje

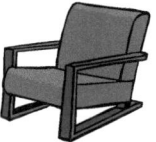

fauteuil
fotelja

boek

knjiga

deken

deka

decoratie

dekoracija

brandhout

drvo za ogrjev

film

film

stereo-installatie

stereo uređaj

sleutel

ključ

krant

novine

schilderij

slika na platnu

poster

poster

radio

radio

notitieboekje

blok za pisanje

stofzuiger

usisavač

cactus

kaktus

kaars

svijeća

keuken
kuhinja

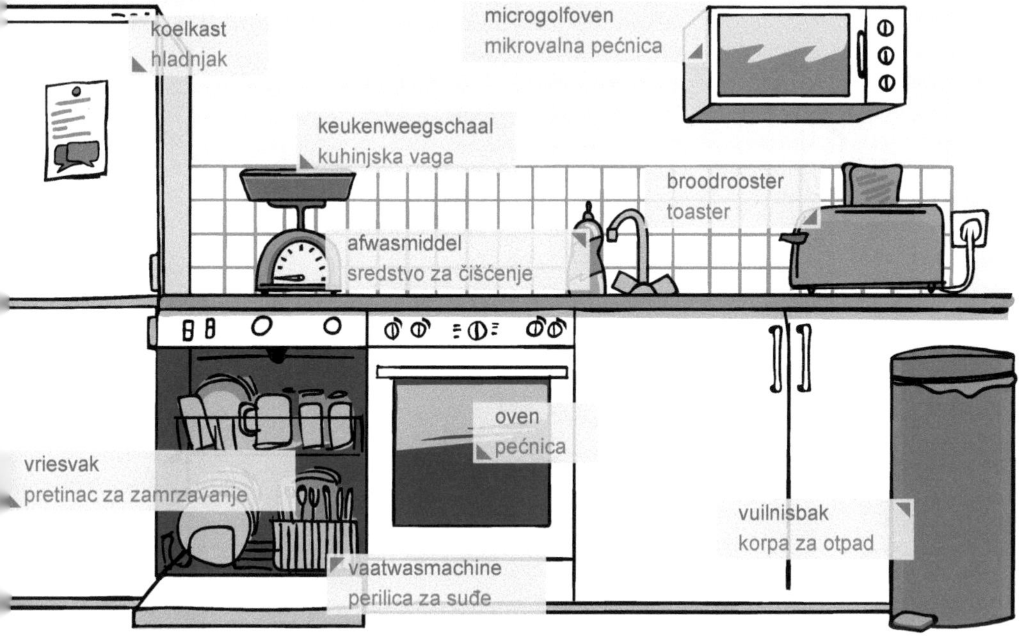
koelkast
hladnjak
microgolfoven
mikrovalna pećnica
keukenweegschaal
kuhinjska vaga
broodrooster
toaster
afwasmiddel
sredstvo za čišćenje
oven
pećnica
vriesvak
pretinac za zamrzavanje
vuilnisbak
korpa za otpad
vaatwasmachine
perilica za suđe

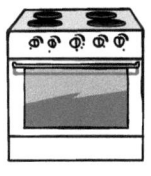

fornuis
štednjak

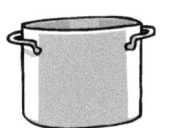

pot
lonac

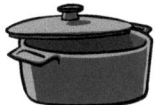

gietijzeren pot
željezni lonac

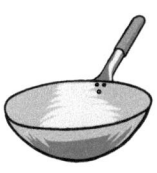

wok / kadai
wok / kadai

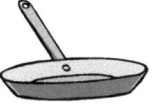

pan
tava

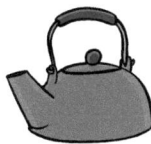

waterkoker
kuhalo za vodu

stoomkoker

kuhalo na paru

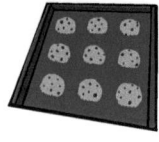

bakplaat

lim za pečenje

servies

posuđe

mok

čaša

kom

zdjela

eetstokjes

štapići za jelo

pollepel

kutljača

spatel

lopatica

garde

pjenjača

vergiet

sito za kuhanje

zeef

sito

rasp

ribež

mortier

mužar

barbecue

roštilj

haardvuur

ognjište

snijplank
daska

deegrol
oklagija

kurkentrekker
vadičep

blik
konzerva

blikopener
otvarač konzervi

pannenlap
krpa za lonac

gootsteen
sudoper

borstel
četka

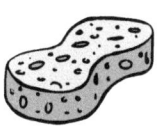

spons
spužva

blender
mikser

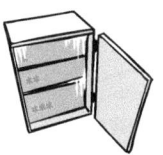

vriezer
zamrzivač

papfles
bočica za bebe

kraan
slavina za vodu

badkamer
kupaonica

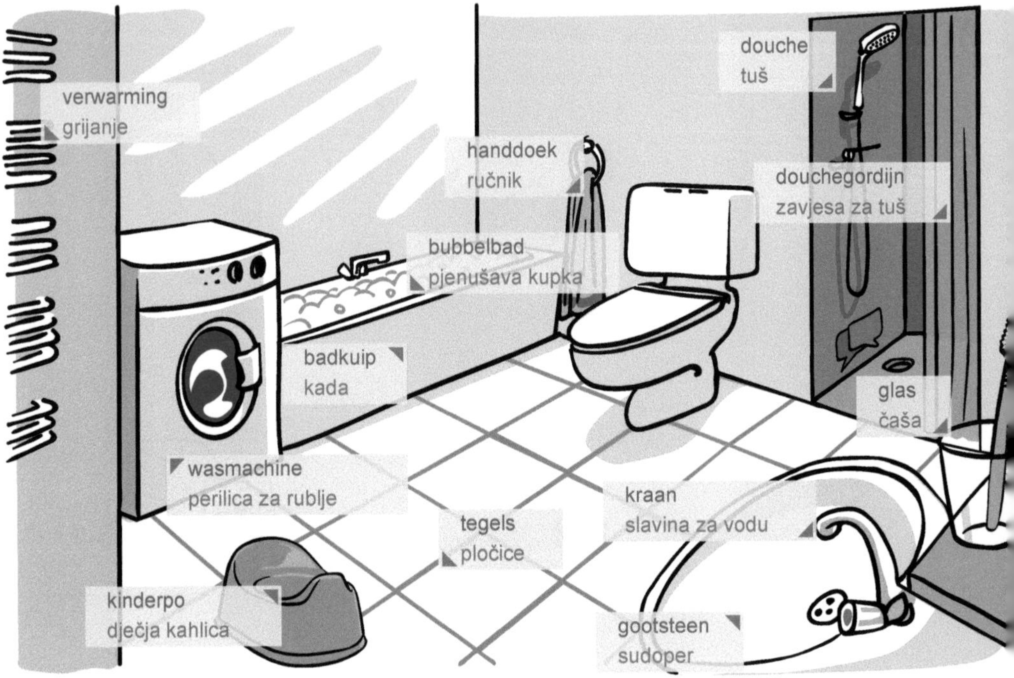

verwarming
grijanje
handdoek
ručnik
douche
tuš
douchegordijn
zavjesa za tuš
bubbelbad
pjenušava kupka
badkuip
kada
glas
čaša
wasmachine
perilica za rublje
kraan
slavina za vodu
tegels
pločice
kinderpo
dječja kahlica
gootsteen
sudoper

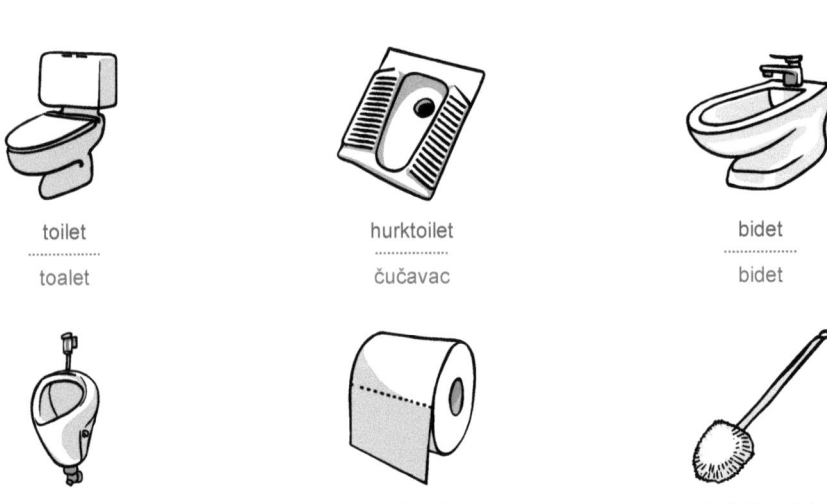

toilet
toalet

hurktoilet
čučavac

bidet
bidet

urinoir
pisoar

toiletpapier
papir za toalet

toiletborstel
četka za toalet

tandenborstel

četkica za zube

tandpasta

pasta za zube

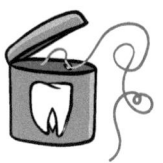

flosdraad

konac za zube

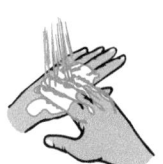

wassen

prati

handdouche

tuš ručica

bidethanddouche

tuš za pranje intimnih
dijelova

waskom

lavor

rugborstel

četka za pranje leđa

zeep

sapun

douchegel

gel za tuširanje

shampoo

šampon

washandje

krpa za pranje

afvoer

odvod

crème

krema

deodorant

dezodorans

spiegel

ogledalo

handspiegel

kozmetičko ogledalo

scheermes

brijač

scheerschuim

pjena za brijanje

aftershave

losion za poslije brijanja

kam

češalj

borstel

četka

haardroger

sušilo za kosu

haarlak

sprej za kosu

make-up

makeup

lippenstift

ruž za usne

nagellak

lak za nokte

watten

vata

nagelknipper

škare za nokte

parfum

parfem

toilettas
....
neseser

kruk
....
stolica

weegschaal
....
vaga

badjas
....
ogrtač

latex handschoenen
....
rukavice za čišćenje

tampon
....
tampon

maandverband
....
uložak

chemisch toilet
....
kemijski toalet

kinderkamer
dječija soba

wekker
budilnik
knuffel
plišana igračka
speelgoedauto
auto igračka
rammelaar
zvečka
poppenhuis
kućica za lutke
geschenk
poklon

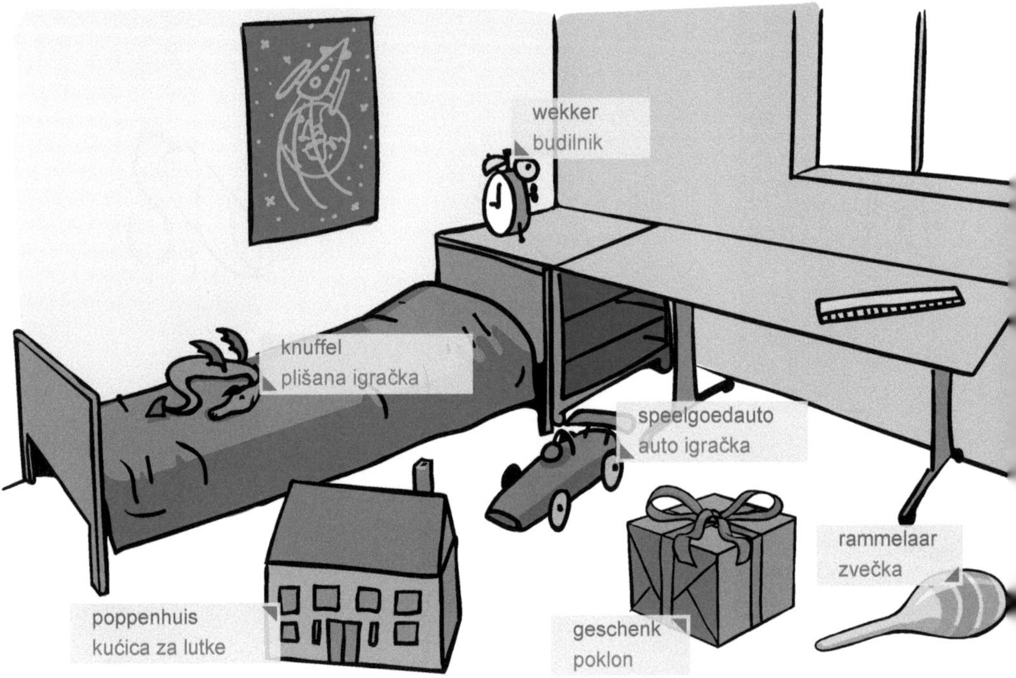

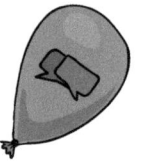

ballon

balon

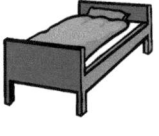

bed

krevet

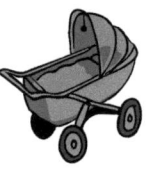

kinderwagen

dječija kolica

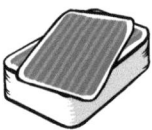

spel kaarten

igra s kartama

puzzel

slagalica

SUPER
MEGA

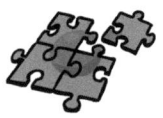

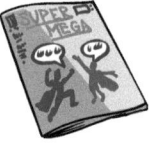

stripboek

strip

legoblokjes

lego kockice

blokken

kockice za slaganje

actiefiguur

akcioni junak

kruippakje

kombinezon za bebe

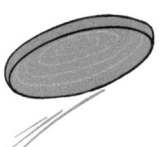

frisbee

frizbi

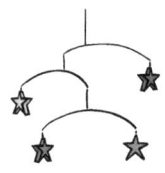

mobiel

viseće igračke

bordspel

društvene igre

dobbelsteen

kocka

modelspoorweg

minijaturna željeznica

fopspeen

duda

feest

tulum

prentenboek

slikovnica

bal

lopta

pop

lutka

spelen

igrati

zandbak

pješčanik

schommel

ljuljačka

speelgoed

igračka

spelconsole

konzola za igre

driewieler

tricikl

knuffelbeer

plišani medo

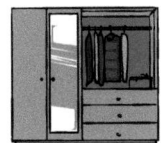

kleerkast

ormar

kleding
odjeća

sokken

kratke čarape

kousen

čarape

maillot

hulahopke

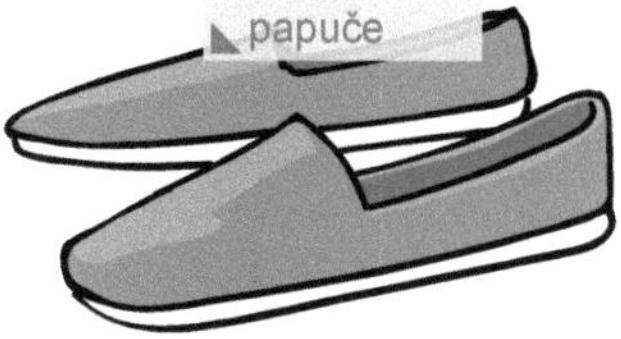

sjaal
šal

paraplu
kišobran

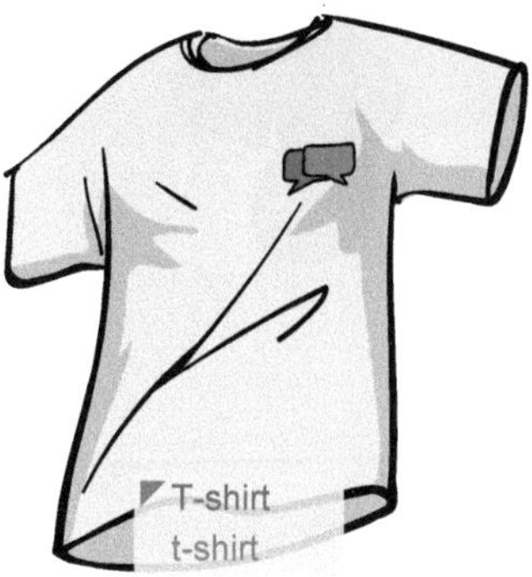

T-shirt
t-shirt

riem
kaiš

laarzen
čizme

slippers
papuče

sneakers
patike

sandalen
....
sandale

schoenen
....
cipele

rubberlaarzen
....
gumene čizme

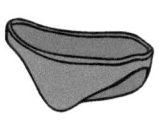

onderbroek
....
gaćice

beha
....
grudnjak

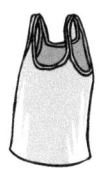

onderhemd
....
potkošulja

lichaam
bodi

broek
hlače

jeans
džins

rok
haljina

blouse
bluza

hemd
košulja

trui
džemper

capuchontrui
pulover s kapuljačom

blazer
blejzer

jas
jakna

jas
kaput

regenjas
kabanica

kostuum
kostim

jurk
haljina

trouwjurk
vjenčanica

pak
odijelo

nachthemd
spavaćica

pyjama
pidžama

sari
sari

hoofddoek
rubac

tulband
turban

boerka
burka

kaftan
kaftan

abaya
abaja

badpak
kupaći kostim

zwembroek
kupaće gaćice

short
kratke hlače

trainingspak
odjeća za trening

schort
pregača

handschoenen
rukavice

knoop
gumb

bril
naočale

armband
narukvica

ketting
ogrlica

ring
prsten

oorbel
naušnica

pet
kapa

kapstok
vješalica

hoed
šešir

das
kravata

rits
patent zatvarač

helm
kaciga

bretellen
naramenice

schooluniform
školska uniforma

uniform
uniforma

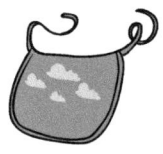

slabbetje

podbradak

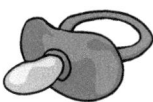

fopspeen

duda

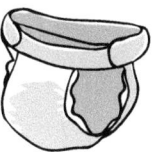

luier

pelena

kantoor

ured

server
server
dossierkast
ormar za spise
printer
pisač
papier
papir
monitor
monitor
muis
miš
bureau
pisaći stol
map
mapa
toestenbord
tipkovnica
papiermand
košara za papir
computer
računar
stoel
stolica

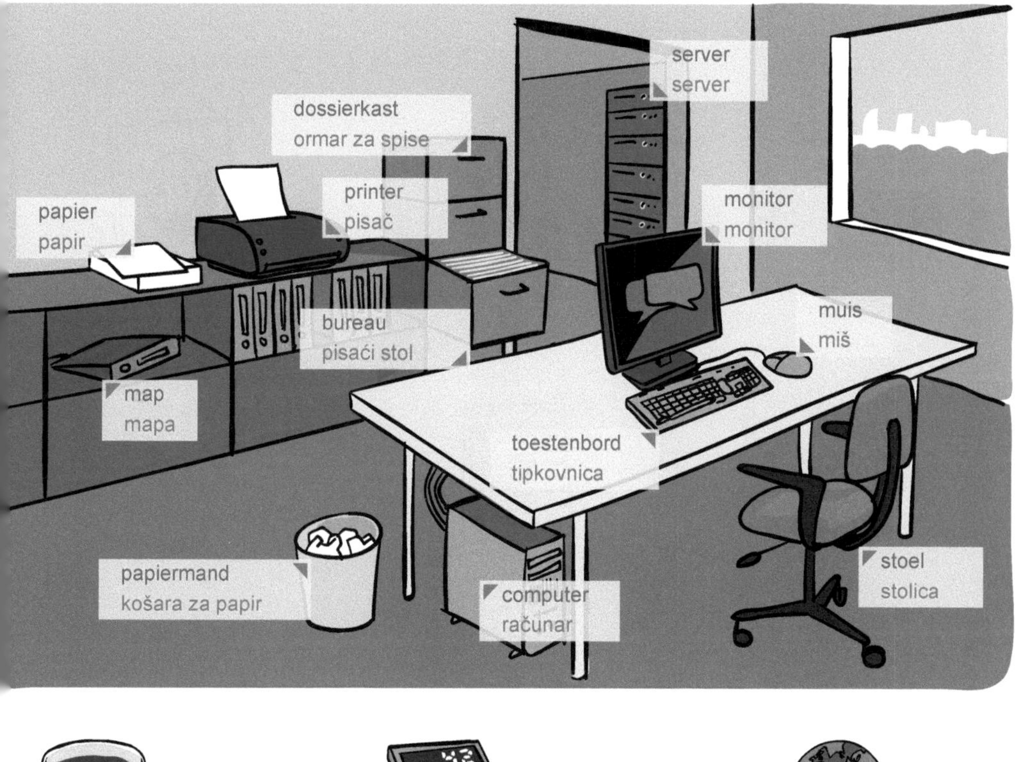

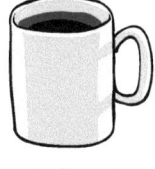

koffiemok

šalica za kavu

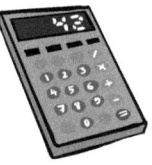

rekenmachine

kalkulator

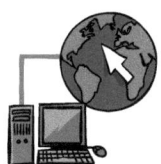

internet

internet

laptop

laptop

brief

pismo

bericht

poruka

gsm

mobilni telefon

netwerk

mreža

kopieerapparaat

uređaj za kopiranje

software

softver

telefoon

telefon

stopcontact

utičnica

fax

faks

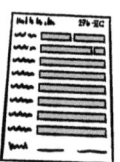

formulier

obrazac

document

dokument

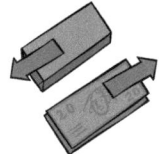

kopen

kupovati

betalen

platiti

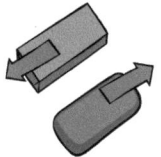

handelen

trgovati

geld

novac

dollar

dolar

euro

euro

yen

jen

roebel

rubalj

Zwitserse frank

švicarski franak

Chinese renminbi

renmindbi yuan

roepie

rupija

geldautomaat

automat za novac

wisselkantoor
mjenjačnica

goud
zlato

zilver
srebro

olie
nafta

energie
energija

prijs
cijena

contract
ugovor

belasting
porez

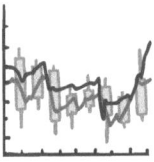

aandeel
dionica

werken
raditi

werknemer
službenik

werkgever
poslodavac

fabriek
tvornica

winkel
prodavaonica

beroepen
zanimanja

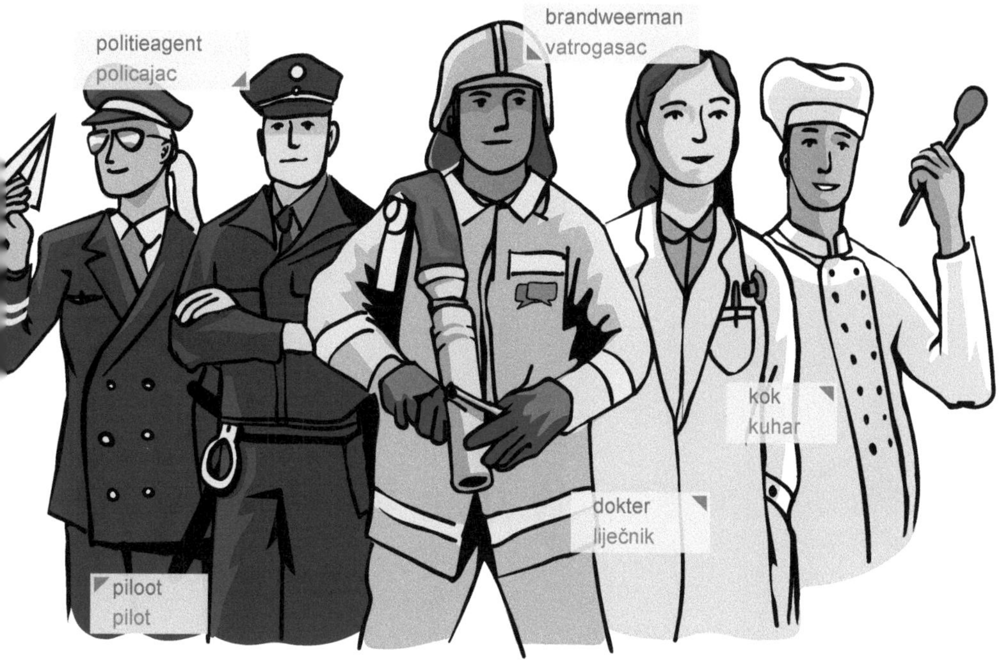

politieagent
policajac
brandweerman
vatrogasac
kok
kuhar
dokter
liječnik
piloot
pilot

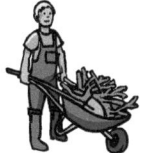

tuinman

vrtlar

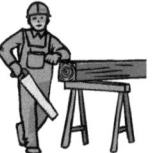

timmerman

stolar

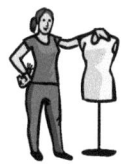

naaister

krojačica

rechter

sudija

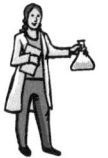

chemicus

kemičar

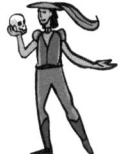

acteur

glumac

buschauffeur

vozač autobusa

taxichauffeur

vozač taksija

visser

ribar

schoonmaakster

čistačica

dakdekker

krovopokrivač

ober

konobar

jager

lovac

schilder

slikar

bakker

pekar

elektricien

električar

bouwvakker

građevinski radnik

ingenieur

inženjer

slager

mesar

loodgieter

limar

postbode

poštar

beroepen - zanimanja

soldaat
vojnik

architect
arhitekta

kassier
blagajnik

bloemist
cvjećar

kapper
frizer

conducteur
kondukter

mecanicien
mehaničar

kapitein
kapetan

tandarts
zubar

wetenschapper
znanstvenik

rabbijn
rabi

imam
imam

monnik
monah

geestelijke
svećenik

werktuigen
alati

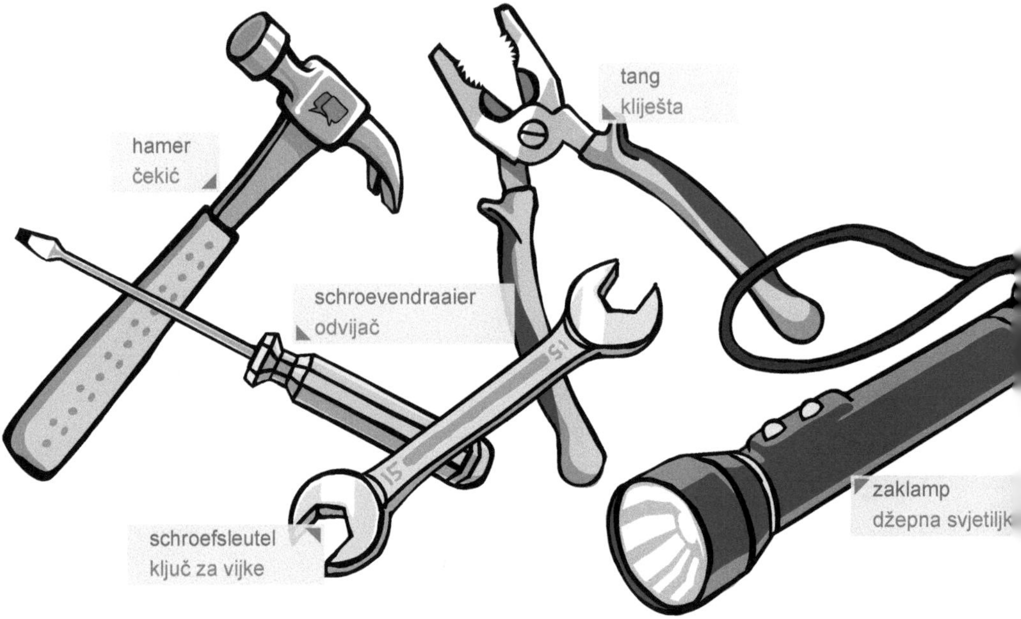
tang
kliješta
hamer
čekić
schroevendraaier
odvijač
schroefsleutel
ključ za vijke
zaklamp
džepna svjetiljk

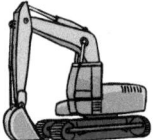

graafmachine

rovokopač

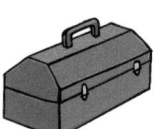

gereedschapskoffer

kutija za alat

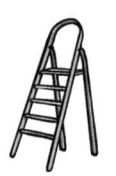

ladder

ljestve

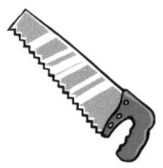

zaag

pila

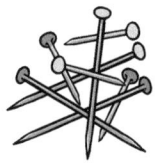

spijkers

ekser

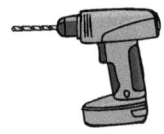

boormachine

bušilica

repareren
popraviti

schop
lopata

Verdomme!
Sranje!

blik
lopatica

verfpot
lonac za boju

schroeven
vijci

muziekinstrumenten
glazbeni instrument

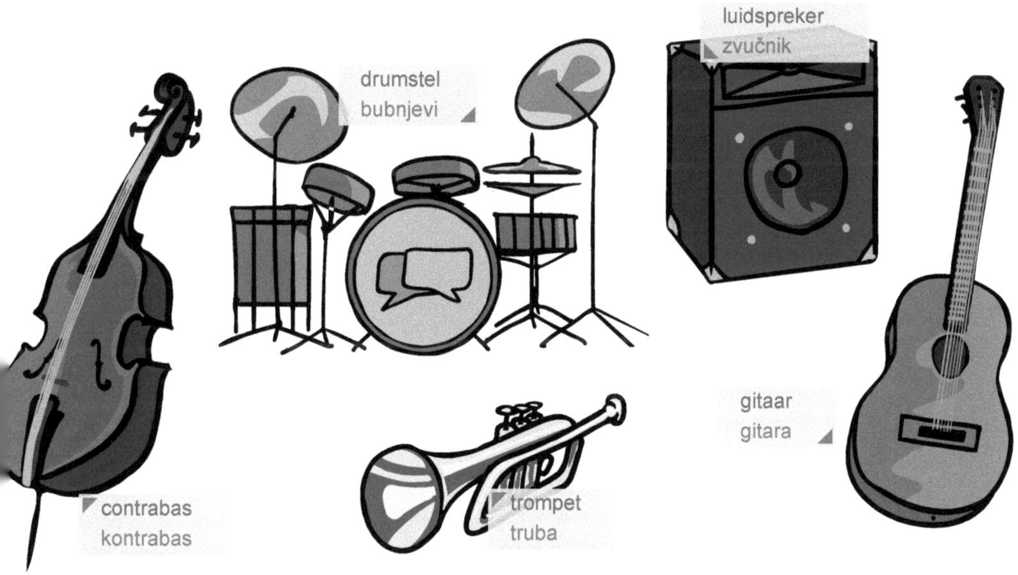

luidspreker
zvučnik

drumstel
bubnjevi

gitaar
gitara

contrabas
kontrabas

trompet
truba

piano
klavir

viool
violina

basgitaar
bas

pauk
timpani

trommels
udaraljke za bubnjeve

keyboard
keyboard

saxofoon
saksofon

fluit
flauta

microfoon
mikrofon

tijger
tigar

ingang
ulaz

kooi
kavez

zebra
zebra

diereneten
hrana za životinje

panda
panda

dieren
životinje

olifant
slon

kangoeroe
kengur

neushoorn
nosorog

gorilla
gorila

beer
medvjed

kameel

kamila

struisvogel

noj

leeuw

lav

aap

majmun

flamingo

flamingo

papegaai

papagaj

ijsbeer

polarni medvjed

pinguïn

pingvin

haai

ajkula

pauw

paun

slang

zmija

krokodil

krokodil

dierenverzorger

čuvar u zoološkom vrtu

zeehond

tuljan

jaguar

jaguar

pony
poni

luipaard
leopard

nijlpaard
nilski konj

giraffe
žirafa

adelaar
orao

wild zwijn
divlja svinja

vis
riba

zeeschildpad
kornjača

walrus
morž

vos
lisica

gazelle
gazela

rugby
američki nogomet

wielrennen
biciklizam

tennis
tenis

basketbal
košarka

zwemmen
plivanje

boksen
boks

ijshockey
hockey na ledu

voetbal
nogomet

badminton
badminton

atletiek
atletika

handbal
rukomet

skiën
skijanje

polo
polo

activiteiten
aktivnosti

springen
skočiti
knuffelen
zagrliti
lachen
smijati se
wandelen
ići
zingen
pjevati
dromen
sanjati
bidden
moliti se
kussen
poljubiti

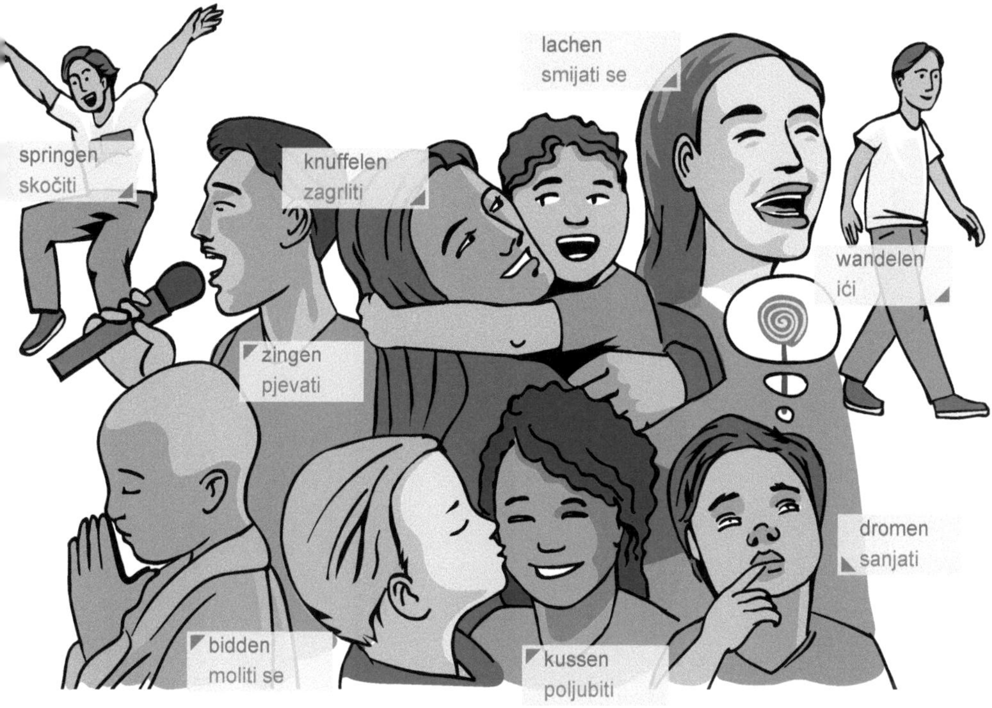

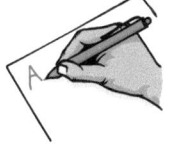

schrijven

pisati

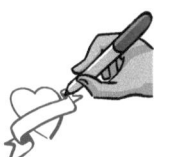

tekenen

crtati

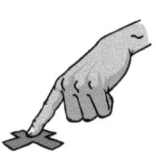

tonen

pokazati

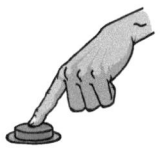

duwen

gurati

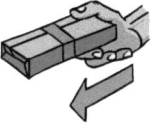

geven

dati

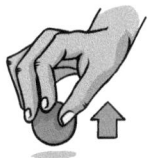

nemen

uzeti

hebben
imati

doen
činiti

zijn
biti

staan
stojati

lopen
trčati

trekken
povlačiti

gooien
baciti

vallen
padati

liggen
ležati

wachten
čekati

dragen
nositi

zitten
sjediti

aankleden
oblačiti

slapen
spavati

ontwaken
probuditi se

kijken naar
gledati

wenen
plakati

aaien
milovati

kammen
češljati

praten
govoriti

begrijpen
razumjeti

vragen
pitati

luisteren
slušati

drinken
piti

eten
jesti

opruimen
pospremiti

houden van
voljeti

koken
kuhati

rijden
voziti

vliegen
letjeti

zeilen

ploviti

rekenen

računati

Lezen

čitati

leren

učiti

werken

raditi

trouwen

vjenčati se

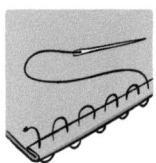

naaien

šiti

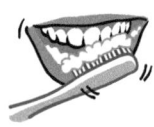

tandenpoetsen

prati zube

doden

ubiti

roken

pušiti

sturen

poslati

grootmoeder
baka

grootvader
djed

vader
otac

moeder
majka

baby
beba

dochter
kćerka

zoon
sin

gast
gost

tante
tetka

oom
ujak, stric

broer
brat

zus
sestra

lichaam
tijelo

voorhoofd
čelo
oog
oko
schouder
rame
vinger
prst
gezicht
lice
kin
brada
hand
ruka
been
noga
borst
grudi
arm
ruka

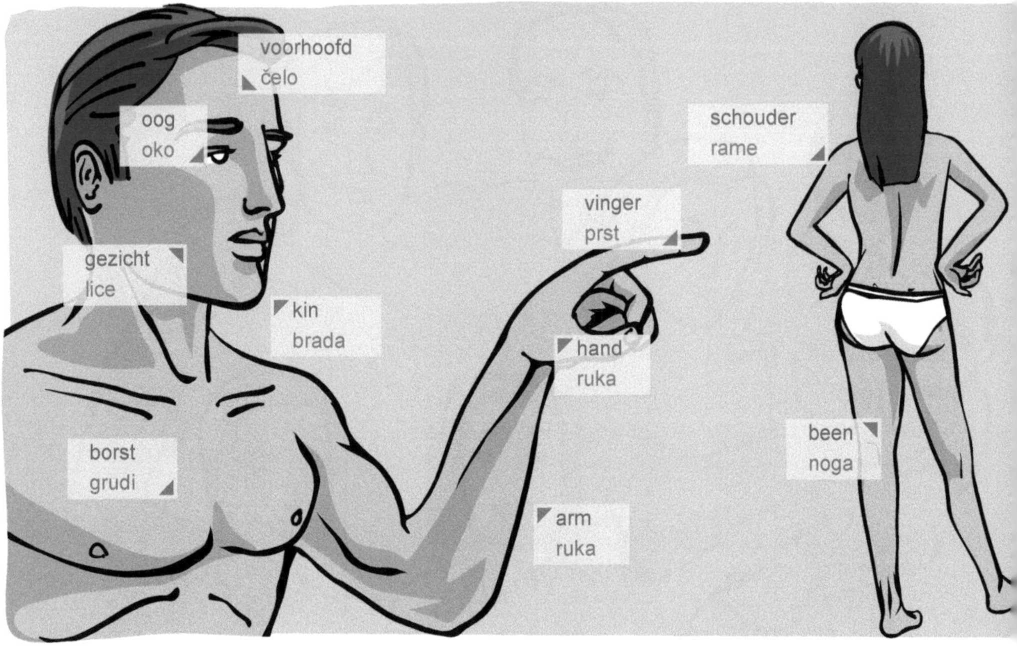

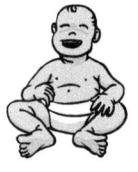

baby
beba

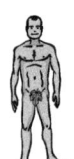

man
muškarac

vrouw
žena

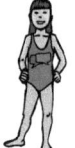

meisje
djevojčica

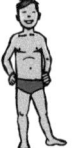

jongen
dječak

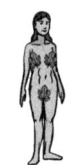

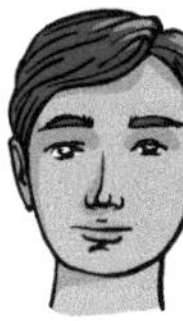

hoofd
glava

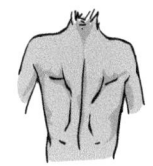

rug
leđa

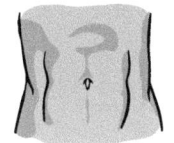

buik
trbuh

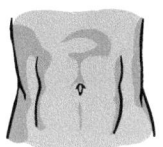

navel
pupak

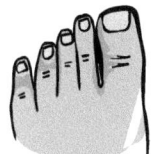

teen
nožni prst

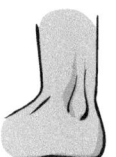

hiel
peta

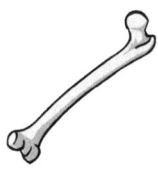

bot
kost

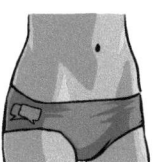

heup
kuk

knie
koljeno

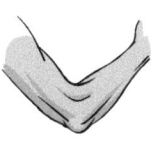

elleboog
lakat

neus
nos

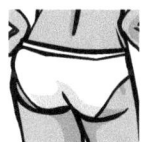

zitvlak
stražnjica

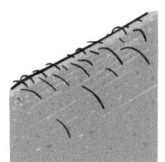

huid
koža

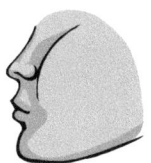

wang
obraz

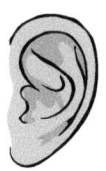

oor
uho

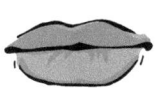

lip
usna

mond
usta

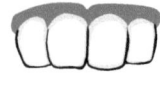

tand
zub

tong
jezik

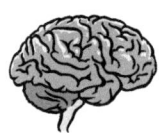

hersenen
mozak

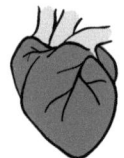

hart
srce

spier
mišić

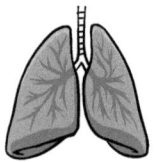

long
pluća

lever
jetra

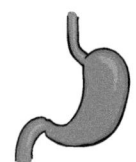

maag
želudac

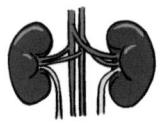

nieren
bubrezi

seks
snošaj

condoom
kondom

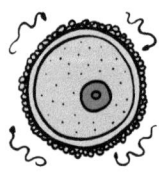

eicel
jajna stanica

sperma
sperma

zwangerschap
trudnoća

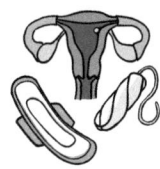

menstruatie

menstruacija

vagina

vagina

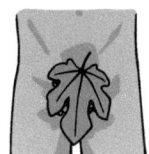

penis

penis

wenkbrauw

obrva

haar

kosa

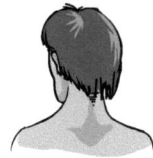

nek

vrat

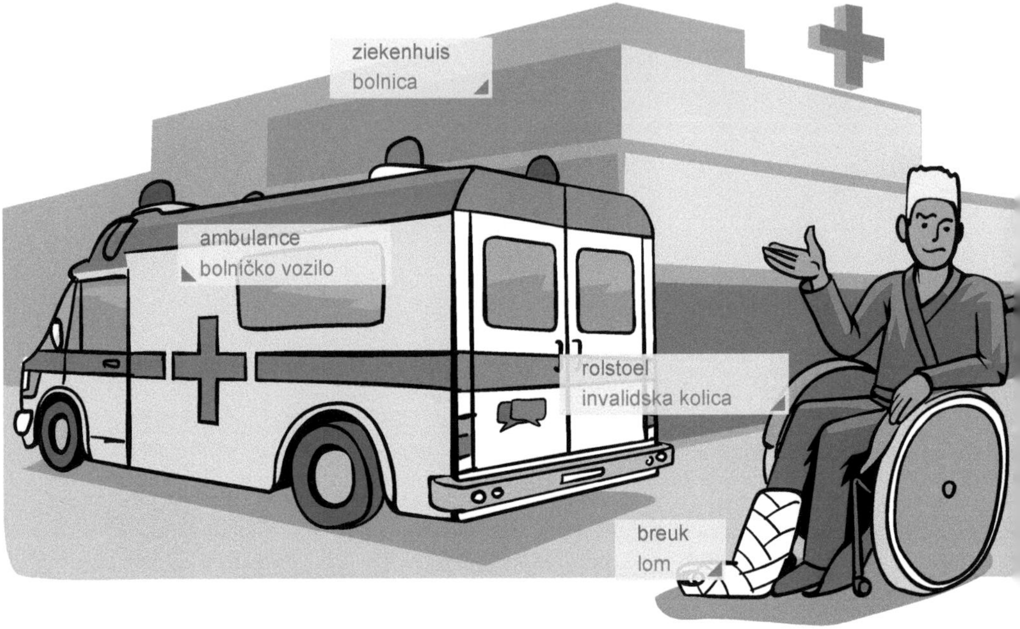

ziekenhuis
bolnica

ziekenhuis
bolnica
ambulance
bolničko vozilo
rolstoel
invalidska kolica
breuk
lom

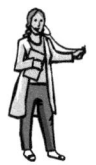

dokter

lijеčnik

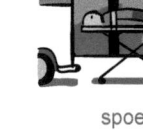

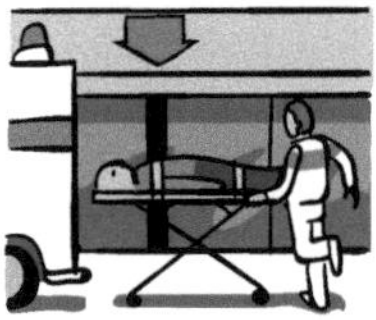

spoed

hitna medicinska služba

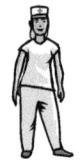

verpleegkundige

medicinska sestra

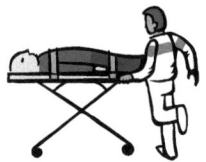

noodgeval

hitni slučaj

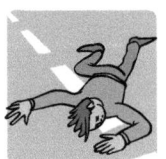

bewusteloos

nesvijest

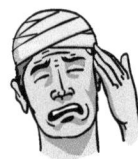

pijn

bol

verwonding

ozljeda

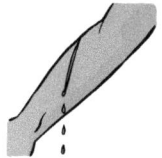

bloeding

krvarenje

hartaanval

srćani infarkt

beroerte

moždani udar

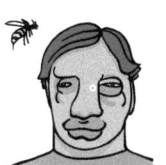

allergie

alergija

hoest

kašalj

koorts

groznica

griep

gripa

diarree

proljev

hoofdpijn

glavobolja

kanker

rak

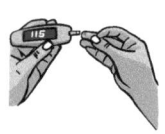

diabetes

dijabetes

chirurg

kirurg

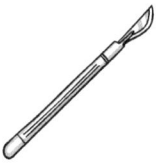

scalpel

skalpel

operatie

operacija

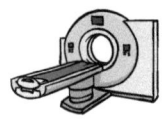

CT
ct

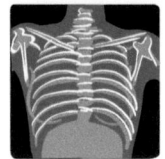

röntgenstraal
rentgen

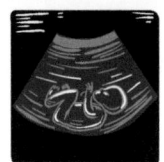

ultrageluid
ultrazvuk

gezichtsmasker
maska

ziekte
bolest

wachtkamer
čekaonica

kruk
štaka

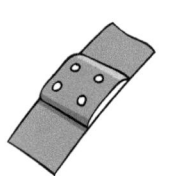

pleister
flaster

verband
zavoj

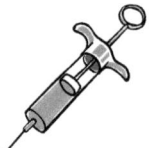

injectie
injekcija

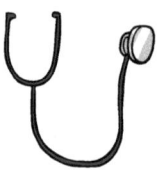

stethoscoop
stetoskop

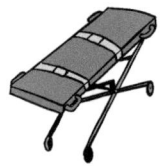

brancard
nosilo

thermometer
termometar

geboorte
rođenje

overgewicht
prekomjerna težina

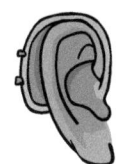

hoorapparaat

slušni aparat

ontsmettingsmiddel

sredstvo za dezinfekciju

infectie

infekcija

virus

virus

HIV / AIDS

hiv / sida

medicijn

medicina

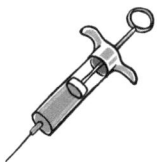

vaccinatie

vakcinacija

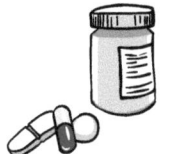

tabletten

tablete

pil

pilula

noodoproep

poziv u pomoć

bloeddrukmeter

uređaj za mjerenje tlaka

ziek / gezond

bolesno / zdravo

Help!

pomoć!

alarm

alarm

overval

nasrtaj

aanval

napad

gevaar

opasnost

nooduitgang

izlaz za nuždu

Brand!

požar!

brandblusser

vatrogasni aparat

ongeval

nezgoda

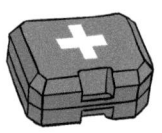

EHBO-kit

kofer prve pomoći

SOS

sos

politie

policija

Europa

Europa

Noord-Amerika

sjeverna amerika

Zuid-Amerika

južna amerika

Afrika

Afrika

Azië

Azija

Australië

Australija

Atlantische Oceaan

Atlantik

Stille Oceaan

Pacifik

Indische Oceaan

ocean

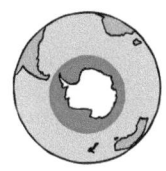

Antarctische Oceaan

antarktički ocean

Arctische Oceaan

arktički ocean

Noordpool

sjeverni pol

Zuidpool

južni pol

Antarctica

Antarktik

aarde

zemlja

land

zemlja

zee

more

eiland

otok

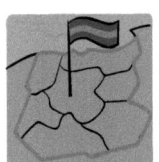

natie

nacija

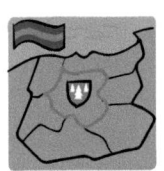

staat

država

wijzerplaat

brojčanik sata

uurwijzer

satna kazaljka

minuutwijzer

minutna kazaljka

secondewijzer

sekundna kazaljka

Hoe laat is het?

Koliko je sati?

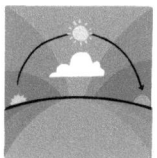

dag

dan

tijd

vrijeme

nu

sada

digitale horloge

digitalni sat

minuut

minuta

uur

sat

week
tjedan

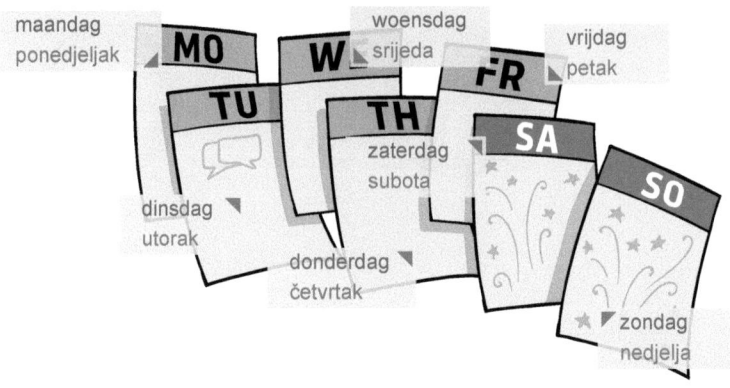

maandag
ponedjeljak

woensdag
srijeda

vrijdag
petak

dinsdag
utorak

zaterdag
subota

donderdag
četvrtak

zondag
nedjelja

gisteren

jučer

vandaag

danas

morgen

sutra

ochtend

jutro

middag

podne

avond

večer

MO	TU	WE	TH	FR	SA	SU
1	2	3	4	5	6	7
8	9	10	11	12	13	14
15	16	17	18	19	20	21
22	23	24	25	26	27	28
29	30	31	1	2	3	4

werkdagen

radni dani

MO	TU	WE	TH	FR	SA	SU
1	2	3	4	5	6	7
8	9	10	11	12	13	14
15	16	17	18	19	20	21
22	23	24	25	26	27	28
29	30	31	1	2	3	4

weekend

vikend

jaar
godina

regen
kiša
regenboog
duga
wind
vjetar
sneeuw
snijeg
lente
proljeće
zomer
ljeto
herfst
jesen
winter
zima

4.APRIL 11°
5.APRIL 4°
6.APRIL 13°
7.APRIL 8°
8.APRIL 10°

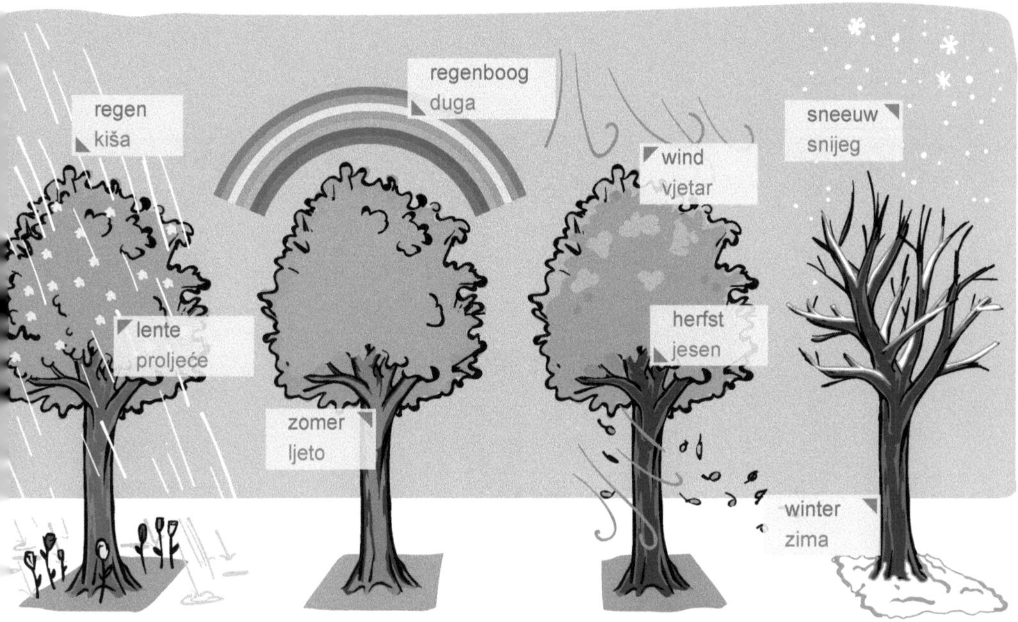

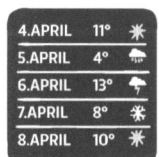

weervoorspelling

meteorološka prognoza

F C
120 90 60 30 0 -30
40 30 20 10 0 -10 -20

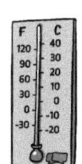

thermometer

termometar

zonneschijn

sunčana svjetlost

wolk

oblak

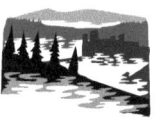

mist

magla

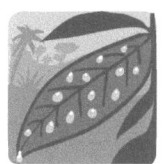

vochtigheid

vlažnost zraka

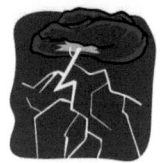

bliksem
munja

donder
grmljavina

storm
oluja

hagel
tuča

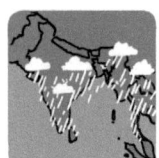

moesson
monsun

overstroming
poplava

ijs
led

januari
siječanj

februari
veljača

maart
ožujak

april
travanj

mei
svibanj

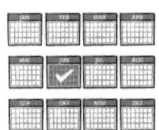

juni
lipanj

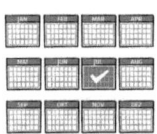

juli
srpanj

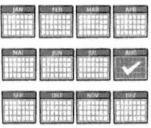

augustus
kolovoz

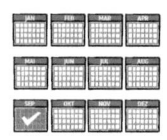

september
....
rujan

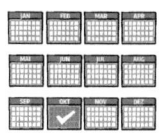

oktober
....
listopad

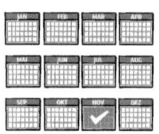

november
....
studeni

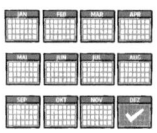

december
....
prosinac

cirkel
....
krug

kwadraat
....
kvadrat

rechthoek
....
pravokutnik

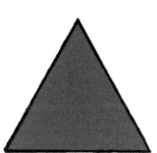

driehoek
....
trokut

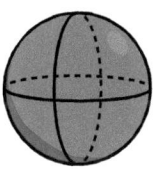

bol
....
kugla

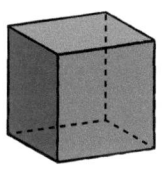

kubus
....
kocka

wit
bijela

geel
žuta

oranje
narančasta

roze
ružičasta

rood
crvena

paars
ljubičasta

blauw
plava

groen
zelena

bruin
smeđa

grijs
siva

zwart
crna

veel / weinig

mnogo / malo

boos / kalm

ljutito / mirno

mooi / lelijk

lijepo / ružno

begin / einde

početak / kraj

groot / klein

veliko / maleno

licht / donker

svijetlo / tamno

broer / zus

brat / sestra

proper / vuil

čisto / prljavo

volledig / onvolledig

potpuno / nepotpuno

dag / nacht

dan / noć

dood / levend

mrtvo / živo

breed / smal

široko / usko

eetbaar / oneetbaar
....
jestivo / nejestivo

kwaadaardig / vriendelijk
....
zlo / dobro

opgewonden / verveeld
....
uzbuđeno / dosadno

dik / dun
....
debelo / mršavo

eerst / laatst
....
na početku / na kraju

vriend / vijand
....
prijatelj / neprijatelj

vol / leeg
....
puno / prazno

hard / zacht
....
tvrdo / mekano

zwaar / licht
....
teško / lagano

honger / dorst
....
glad / žeđ

ziek / gezond
....
bolesno / zdravo

illegaal / legaal
....
ilegalno / legalno

intelligent / dom
....
pametno / glupo

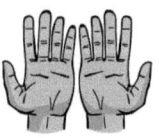

links / rechts
....
lijevo / desno

dichtbij / veraf
....
blizu / daleko

nieuw / gebruikt

novo / rabljeno

niets / iets

ništa / nešto

oud / jong

staro / mlado

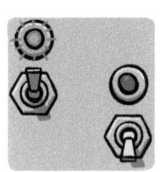

aan / uit

uključeno / isključeno

open / dicht

otvoreno / zatvoreno

stil / luid

tiho / glasno

rijk / arm

bogato / siromašno

juist / fout

točno / pogrešno

ruw / glad

hrapavo / glatko

droevig / blij

tužno / sretno

kort / lang

kratko / dugo

traag / snel

polako / brzo

nat / droog

mokro / suho

warm / koud

toplo / hladno

oorlog / vrede

rat / mir

0	**1**	**2**
nul	één	twee
nula	jedan	dva

3	**4**	**5**
drie	vier	vijf
tri	četiri	pet

6	**7**	**8**
zes	zeven	acht
šest	sedam	osam

9	**10**	**11**
negen	tien	elf
devet	deset	jedanaest

12	**13**	**14**
twaalf	dertien	veertien
dvanaest	trinaest	četrnaest

15	**16**	**17**
vijftien	zestien	zeventien
petnaest	šestnaest	sedamnaest

18	**19**	**20**
achtien	negentien	twintig
osamnaest	devetnaest	dvadeset

100	**1.000**	**1.000.000**
honderd	duizend	miljoen
stotinu	tisuću	milijun

Engels

engleski

Amerikaans Engels

američko engleski

Chinees (Mandarijn)

kinesko mandarinski

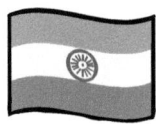

Hindi

hindi

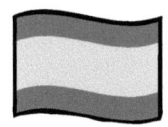

Spaans

španjolski

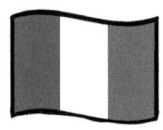

Frans

francuski

Arabisch

arapski

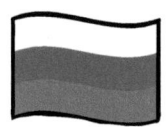

Russisch

ruski

Portugees

portugalski

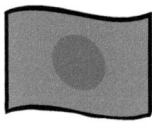

Bengali

bengalski

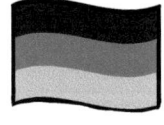

Duits

njemački

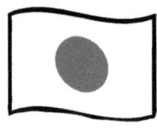

Japans

japanski

ik
ja

u
ti

hij / zij / het
on / ona / ono

wij
mi

u
vi

ze
oni

wie?
tko?

wat?
što?

hoe?
kako?

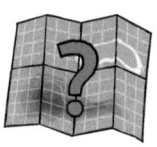

waar?
gdje?

wanneer?
kada?

naam
ime

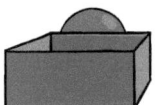

achter

iza

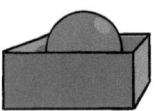

in

u

voor

ispred

boven

preko

op

na

onder

ispod

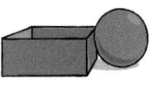

naast

pored

tussen

između

plaats

mjesto